SAINTE GERMAINE

BERGÈRE

« Je suis la fleur des champs
et le lis des vallées. »
(Cant. II, 1.)

—

Au profit de la Congrégation de Sainte Germaine.

Prix : 30 centimes.

AVIGNON
AUBANEL FRÈRES, IMPRIMEURS
LE PAPE ET DE MONSEIGNEUR L'ARCHEVÊQUE
—
1878

SAINTE GERMAINE

BERGÈRE

« Je suis la fleur des champs
et le lis des vallées. »
(Cant. ii, i.)

AVIGNON
AUBANEL FRÈRES, IMPRIMEURS
DE N. S. P. LE PAPE ET DE MONSEIGNEUR L'ARCHEVÊQUE

1878

ANGÈLE,
GENEVIÈVE,
FRANÇOISE,
BLANCHE, } Congréganistes.
MARGUERITE,
JEANNE,
LUCIE,

SAINTE GERMAINE

BERGÈRE

« Je suis la fleur des champs
et le lis des vallées. »

(Cant. ii, 1.)

BLANCHE

Angèle, redis-nous quelques-uns des traits de la vie de Ste Germaine. Entre toutes les jeunes saintes que l'Eglise honore, elle nous est chère pour ses admirables vertus.

GENEVIÈVE

Oui, parle-nous de notre Patronne. Il me semble voir, en ce moment, les petites filles du village qui se réunissaient autour d'elle pour s'entretenir du bon Dieu, sous le grand chêne de Pibrac, mort aujourd'hui, mais dont le tronc a poussé un rejeton vigoureux....

Germaine s'asseyait, souriante, et, sans quitter les fuseaux et la quenouille, sans même perdre de vue ses agneaux, elle enseignait aux pauvres enfants les vérités éternelles. Oh ! comme son naïf et jeune auditoire se suspendait volontiers à sa bouche d'où coulaient doucement le lait et le miel de la sainte parole ? Les fleurs ne sont pas plus avides de la rosée matinale qui tombe... Eh bien, te voilà assise comme elle : parle, Angèle, nous écoutons.

FRANÇOISE

Ste Angèle de Mérici, ta patronne, réunissait aussi les petits enfants pour de semblables entretiens.

ANGÈLE

Eh ! croyez-vous, mes jeunes amies, que ce soit facile de raconter les vertus et la vie de Ste Germaine, à moins d'être, comme elle, un ange et, comme elle, inspirée par Celui qui rend éloquente la langue des enfants ?

LUCIE

Essaie tout de même, nous t'en supplions.

MARGUERITE

Qu'elle soit faite avec de simples bleuets ou avec des lis éclatants et des roses, la couronne que tu vas lui tresser fera plaisir à notre douce bergère.

ANGÈLE

Ste Germaine naquit, il y aura bientôt 300 ans, à Pibrac, petit village de la viguerie de Toulouse. Son père, honnête travailleur, se nommait Laurent Cousin ; sa mère, Marie Laroche. Des deux côtés, on l'encourageait à aimer beaucoup le bon Dieu ; mais elle fut surtout, par sa piété, le vivant portrait de sa mère.

JEANNE

Oh ! je bénis le ciel de m'avoir donné, comme à elle, une bien bonne et pieuse mère !

BLANCHE

En effet, Jeanne, c'est une grande grâce de Dieu.

GENEVIÈVE

Est-ce que la pauvre petite sainte n'était pas venue au monde toute chétive, malade, percluse d'une main ?

ANGÈLE

Oui, et Germaine aima toujours la douleur comme une sœur née avec elle, placée avec elle dans son berceau, et qui fut sa constante et unique compagne depuis son premier cri jusqu'à son dernier soupir. Mais sa mère n'y vit qu'une raison de plus de s'attacher fortement à sa fille.

FRANÇOISE

Le cœur des mères est une douce image du Cœur de Jésus : il a pour l'enfant qui souffre de particulières tendresses.

ANGÈLE

De bonne heure, hélas ! Dieu retira sa mère à Germaine. Et comme s'il fallait que toutes les épreuves vinssent fondre à la fois sur cette tête si frêle, son père ne tarda pas à se remarier.

JEANNE

Oh ! la méchante épouse qu'il prit ! Je ne lui pardonnerai pas d'avoir donné à sa pauvre petite orpheline, au lieu d'une seconde mère, une marâtre injuste et cruelle.

GENEVIÈVE

Alors tu ne sais pas, Jeanne, qu'il plaît souvent à la divine Providence de placer les justes au milieu des épines de la tribulation ? tu ne sais pas que plus l'orage balance, et plus les ronces meurtrissent le lis en fleur, plus il répand au loin ses parfums suaves!...

LUCIE

Alors il faut aimer les épines autant que les lis ?

GENEVIÈVE

Du moins, il ne faut pas garder rancune aux méchants et murmurer contre les épreuves que Dieu nous ménage.

LUCIE

C'est bon à dire : moi, je plains notre chère sainte, et j'aurais bien souvent pris son parti contre sa méchante marâtre.

ANGÈLE

On n'envoya point Germaine à l'école, et elle n'eut jamais d'autre maître que Jésus-Christ, d'autre leçon que celles du catéchisme expliqué à l'église par la bouche d'un humble pasteur. Mais si elle ne sut point lire, elle avait appris toute jeune, sur les genoux de sa tendre et pieuse mère, à connaitre Dieu et à le prier.

LUCIE

Comme l'Enfant Jésus sur les genoux de Marie.

JEANNE

Quand et où priait-elle ?

ANGÈLE

Le soir et le matin, dans la maison de son père ; durant le jour, les humbles vallées et les collines du village où elle menait son troupeau, étaient le temple témoin de son angélique prière ; et tout, dans cet étroit horizon où sa vie s'écoulait ignorée des hommes, tout lui parlait de Dieu. Elle l'aimait dans le sourire des fleurs, dans les chansons des oiseaux, dans l'azur frais des sources, dans les chauds rayons du soleil. O notre Père du ciel, disait-elle, les fleurs, les innombrables plantes nourricières et le blé qui soutiennent nos forces, les fruits délicieux qui s'ajoutent au strict nécessaire, c'est pour nous que vous avez fait tout cela !

MARGUERITE

Des fruits! hélas! j'ai entendu raconter que Germaine n'y touchait pas bien souvent, et que sa marâtre mettait dans son tablier, le matin, pour sa nourriture de chaque jour, tout juste un morceau de pain noir.

LUCIE

Oh! la méchante femme!

ANGÈLE

Sans doute; mais Germaine bénissait Dieu d'avoir prodigué tant de biens à ses créatures.

FRANÇOISE

On m'a dit que, comme Bernadette de Lourdes, elle aimait bien, elle aussi, la Très-Sainte Vierge.

ANGÈLE

Oui, l'*Ave Maria* était sa prière favorite; au son de l'*Angelus*, en quelque lieu qu'elle se trouvât, elle s'agenouillait vite, quelquefois même au milieu de la neige et de la boue, tant elle était jalouse de répondre au premier appel de cette cloche qui, depuis quatre siècles, chante entre la terre et les cieux les louanges de Marie.

*

BLANCHE

Et qui gardait le troupeau, pendant qu'elle priait? Qui le gardait encore, chaque jour, pendant que notre chère sainte s'en allait entendre la messe à l'église du village?

ANGÈLE

Qui? — Le bon Dieu ou quelqu'un de ses anges. Germaine plantait en terre sa houlette ou sa quenouille, et courait à l'appel de Celui qui a dit: « Ne craignez rien, petit troupeau, je serai avec vous. (1)» A son retour, elle retrouvait ses agneaux tranquilles comme au bercail, broutant à quelques pas de la houlette le trèfle ou les fleurs rouges du sainfoin; et son gentil troupeau lui faisait fête, et jamais on n'en vit de plus beau que le sien.

JEANNE

Et les loups?

ANGÈLE

La forêt de Bouconne en était alors toute peuplée; mais il ne manqua jamais à la bergère une brebis ou un agneau.

(1) Luc, XII. 32.

GENEVIÈVE

Ce que Dieu garde est bien gardé.

FRANÇOISE

Et le dimanche, que faisait-elle ?

ANGÈLE

Le dimanche était vraiment pour elle le jour du Seigneur. Comme le troupeau restait à la bergerie, et que la sainte enfant n'avait rien à faire à la maison, où sa présence eût été un embarras...

MARGUERITE

Toujours cette marâtre !

ANGÈLE

Germaine, éveillée de bonne heure par son Ange gardien, s'en allait...

BLANCHE

Je le devine sans peine : elle allait où l'entraînait son amour, auprès de son bien-aimé Jésus, au pied du saint Tabernacle.

ANGÈLE

Oui, et elle y demeurait longtemps, souvent même de l'aube du jour au coucher du soleil, ravie dans une douce extase, ou s'entretenant avec le divin Maître, qu'elle avait reçu le matin sous les voiles eucharistiques.

MARGUERITE

Oh! loin de ses chers petits agneaux et loin de ses compagnes, dans une pauvre église de village, comme les dimanches devaient paraître longs à Germaine!

ANGÈLE

C'est *courts* plutôt qu'il fallait dire, Marguerite!...

MARGUERITE

Comment cela ?

ANGÈLE

Germaine était une sainte...

GENEVIÈVE

Et comme le Psalmiste elle aimait la Maison du Seigneur. Ah! c'est elle qui mieux que nous, froides chrétiennes, aurait pu exhaler sa joie et ses préférences dans ce pieux cantique de Communion :

Qu'ils sont aimés, grand Dieu, tes tabernacles!
Qu'ils sont aimés et chéris de mon cœur!
Là, tu te plais à rendre tes oracles,
La foi triomphe et l'amour est vainqueur.

Qu'il est heureux, celui qui te contemple
Et qui soupire au pied de tes autels !
Un seul moment qu'on passe dans ton temple
Vaut mieux qu'un siècle au palais des mortels.

Je nage au sein des plus pures délices ;
Le ciel entier, le ciel est dans mon cœur :
Dieu de bonté, de faibles sacrifices
Méritaient-ils cet excès de bonheur ?

Autour de moi les anges en silence
D'un Dieu caché contemplent la splendeur.
Anéantis en sa sainte présence,
O Chérubins, enviez mon bonheur !

(FÉNELON)

Oui, là, dans la Maison du bon Dieu, Germaine était heureuse, et d'avance elle y goûtait les délices du Paradis.

FRANÇOISE

Et puis, Geneviève nous l'a dit tout à l'heure, c'est principalement le dimanche, après vêpres, que les petites filles aimaient à entourer Germaine, et à s'asseoir avec elle à l'ombre du vieux chêne, pour écouter les leçons de ce maître qui ne sachant point lire dans les livres, lisait dans les cœurs simples et dans les cieux.

LUCIE

C'était leur Catéchisme de persévérance.

JEANNE

Et elles furent, en vérité, les premières congréganistes de Ste Germaine.

ANGÈLE

Au reste, quand elle était seule, la pieuse bergère se trouvait encore en bonne et nombreuse compagnie, puisque Dieu, Marie, son ange gardien, ses saintes patronnes du Baptême et de la Confirmation, veillaient fidèlement sur leur bien-aimée pupille.

BLANCHE

Est-ce vrai que les esprits forts du village...

MARGUERITE

Les *esprits forts*, qu'est-ce que cela veut dire?

GENEVIÈVE

Marguerite, cela veut dire : ceux qui se croient quelque chose et ne sont que des sots...

BLANCHE

Est-ce vrai que les esprits forts l'avaient surnommée *la Bigote* ?

ANGÈLE

Oui, Blanche, et peu à peu son vrai nom disparut sous cette dénomination dédaigneuse.

LUCIE

Moi, je l'aurais appelée *la Sainte*.

GENEVIÈVE

Que lui importaient, après tout, les railleries du monde!

FRANÇOISE

Notre-Seigneur disait un jour : « Je le reconnais, ô mon Père, voilà les mystères que vous avez cachés aux sages et révélés aux petits (1). »

BLANCHE

Mais lorsqu'il fut entré dans les desseins du bon Dieu de récompenser la piété de Germaine par d'éclatants miracles, les sots continuèrent-ils à rire d'elle ?

ANGÈLE

Non, voici ce qu'on vit alors. — Il y a près de Pibrac un ruisseau si petit qu'un en-

(1) Math. xi, 25.

fant peut le franchir, en été, d'une seule enjambée, mais qui se transforme parfois en un torrent impétueux. Un jour que le Courbet — c'est le nom du ruisseau — était répandu sur ses rives, et roulait en grondant ses ondes gonflées par une pluie d'orage, des paysans virent venir Germaine à travers les champs : « Ah ! ah ! se dirent-ils, comment fera la bigote pour traverser le torrent ? » — Elle approche; ô merveille ! ses pieds nus ont à peine touché le bord que les eaux s'entrouvent, et la bergère passe sans mouiller les pans de sa robe, et sans s'apercevoir, tant elle est simple et naïve, du miracle que Dieu opère en sa faveur. Mais des témoins ont vu ce prodige; ils le racontent partout, et on se demande quelle est celle à qui les vents et les flots obéissent ?

MARGUERITE

En devint-elle moins humble ?

ANGÈLE

Je vous l'ai dit, non : elle ne prit même point garde au miracle.

BLANCHE

O admirable et aimable sainte, nous voulons, comme vous, être humbles et simples, et aimer le bon Dieu de toutes les forces de notre âme.

ANGÈLE

Cependant la marâtre ne changeait point : sa haine l'aveuglait.

JEANNE

Que pouvait-elle reprocher à Germaine, je vous le demande ?

ANGÈLE

Rien, hormis ses aumônes, peut-être, et ses fréquentes visites à l'église.

MARGUERITE

Mais Germaine était bien libre, je pense, de donner aux pauvres la moitié du pain dur qui était pour elle !

GENEVIÈVE

Et ses visites à l'église n'empêchaient pas son troupeau d'être plus prospère que tous les troupeaux voisins.

ANGÈLE

Oui, les pauvres la bénissaient, et grâce à leurs prières et à la piété de Germaine, les champs de Laurent Cousin se couvraient, chaque année, de riches moissons.

LUCIE

Eh bien, alors?...

FRANÇOISE

Il fallait, malgré tout, que Germaine fût coupable.

ANGÈLE

Un jour qu'elle était sortie de la ferme à la suite du troupeau, emportant du pain dans son tablier, la marâtre prit un bâton, et se mit à poursuivre la sainte bergère... « Voleuse, lui criait-elle, voleuse, je vais t'ôter l'envie de donner aux mendiants tout le pain de la famille ! »

JEANNE

Oh ! si j'avais été là, comme j'aurais défendu Germaine !

LUCIE

Je me serais jetée entre elle et la marâtre...

ANGÈLE

Comme vous, quelques paysans s'apprêtaient à défendre la sainte... Mais impossible d'arrêter cette femme, cette furie! La menace dans les yeux, le bâton levé, elle ordonne à Germaine d'ouvrir son tablier; la pauvre enfant obéit, le tablier tombe : c'étaient des fleurs...

JEANNE

Des fleurs ?...

ANGÈLE

Oui, de magnifiques fleurs nouées en bouquets, dans une saison où la terre n'en produit pas, et où fleurissent seulement les jardins du ciel.

FRANÇOISE

Elisabeth sur le trône, Germaine à la tête de son troupeau, ont obtenu la même grâce.

GENEVIÈVE

Et aussi le bienheureux Pierre de Luxembourg, patron de nos jeunes frères.

ANGÈLE

Laurent Cousin rendit dès lors à sa fille toute sa tendresse; il voulut qu'elle reprît sa place au foyer, à la table, partout où se trouvait la famille. La marâtre elle-même cessa de persécuter Germaine.

MARGUERITE

Vraiment ? je la croyais enracinée à jamais dans la méchanceté et la haine, comme les démons.

ANGÈLE

La sainte continuait à vivre de pain et d'eau, à coucher dans un coin de l'escalier sur un lit de sarments, à conduire le troupeau au pâturage ; seulement, au lieu des insultes accoutumées c'étaient des témoignages d'amour et de vénération, qui germaient sur son passage, pareils à d'autres fleurs merveilleuses.

BLANCHE

Oh ! comme nous l'aurions aimée, cette chère sainte ! comme nous nous serions attachées à ses pas ! comme nous aurions fidèlement obéi à sa douce houlette !

ANGÈLE

Hélas ! les fleurs que Dieu lui avait envoyées étaient le gage des fiançailles éternelles.... Un matin, Germaine ne sortit pas avec son troupeau : — « Germaine ! ma fille ! » lui dit son père, l'appelant sous l'escalier sombre où elle couchait. Pas de réponse. La sainte paraissait endormie sur son lit grossier ; un céleste sourire entr'ouvrait ses lèvres ; elle tenait un crucifix serré contre son cœur. Dieu sans doute lui avait dit : « Viens, ma colombe ! » et son âme s'était envolée vers son Bien-aimé.

MARGUERITE

Chère sainte, obtenez-nous la grâce de mourir ainsi.

LUCIE

Quel âge avait-elle ?

ANGÈLE

Vingt-deux ans... Or, cette même nuit, deux religieux, surpris par l'obscurité, furent obligés de s'arrêter dans la forêt voisine, et d'y attendre le jour. Ils priaient ensemble, quand tout à coup les bois s'illuminent d'une clarté plus vive que celle de l'aurore ; une troupe de vierges vêtues de robes blanches descend des cieux et se dirige vers Pibrac. Quelque temps après, elles reparurent, mais le cortége était augmenté d'une vierge, vêtue elle aussi de blanc, que les autres entouraient d'honneurs, et qui s'avançait radieuse et couronnée de fleurs nouvelles.

LUCIE

C'était Germaine!

JEANNE

Et c'étaient avec elle les jeunes saintes qui l'ont précédée, les Agnès, les Lucie, les Marguerite, les Philomène!....

ANGÈLE

Et dans le ciel des hymnes retentissaient:
« Qui montera sur la montagne du Seigneur?
« qui s'arrêtera dans son sanctuaire ? —
« Celle dont les mains sont innocentes et le
« cœur pur; qui ne laissa point aller son
« âme à la vanité, et n'employa jamais la
« ruse et le mensonge. Ouvrez, ouvrez les
« portes du ciel, princes des angéliques pha-
« langes, afin qu'elle entre, la Vierge cou-
« ronnée de gloire. » — « Quelle est cette
« Vierge que ses sœurs accompagnent en
« triomphe comme une reine? » — « C'est

« une enfant hier méconnue, oubliée sur la
« terre, mais puissante et grande devant le
« Seigneur. Ouvrez, ouvrez les portes du
« ciel.(1) »

Le jour venu, les religieux eurent la clef du mystère... Ils avaient vu Germaine quittant la terre et emmenée dans les cieux.

GENEVIÈVE

O mes jeunes amies, soyons dignes, par notre piété, de former, nous aussi, son cortége.

JEANNE

Aimons-la tendrement.

MARGUERITE

Proclamons ses vertus.

FRANÇOISE

Elle nous aidera à les reproduire dans notre vie.

ANGÈLE

Je vous ai dit à peu près tout ce que l'on sait d'une vie incomparablement plus belle dans ce qu'elle eut de caché que dans ce qui

(1) Psalm. XXIII, 3-9.

parut au dehors. O Dieu des humbles, comme la modestie de Germaine vous plaisait! ô Dieu des Vierges, comme vous la trouviez belle et pure! ô Dieu des opprimés, que de secrètes douceurs vous mêliez au fiel des humiliations dont elle dut s'abreuver.

BLANCHE

Nous possédons de ses reliques, deux petits fragments de sa virginale dépouille. Comment sa tombe jalouse nous a-t-elle rendu ce trésor?

ANGÈLE

Quarante-trois ans après la mort de Germaine, on creusait dans la vieille église de Pibrac, où elle reposait, une fosse pour une de ses parentes. Au premier coup de pioche, un corps apparait...

BLANCHE

Comment? presque à fleur de terre?

ANGÈLE

Oui, par un miracle manifeste de Dieu... Le visage du mort était découvert, son air souriant, mais une main portait encore la cicatrice d'une infirmité naturelle. « C'est elle, s'écrie-t-on, c'est Germaine! » Sa chair a conservé toutes ses couleurs; elle porte une guirlande formée d'œillets et d'épis de seigle; les fleurs n'ont presque rien perdu de leur éclat, et les épis contiennent encore leurs grains aussi frais qu'au temps de la moisson.

MARGUERITE

Elle est donc morte quand les seigles étaient mûrs, tranchée dans la fleur de son âge, comme ces bleuets que la faux moissonne et couche avec les blonds épis?...

LUCIE

Morte, quand tout revit sur la terre!....

JEANNE

Morte à vingt-deux ans!....

GENEVIÈVE

Vous paraissez la plaindre, mes jeunes amies, pourquoi? Il est doux de mourir quand c'est au ciel que l'âme s'envole, et quand c'est Jésus qui lui dit: «Lève-toi, viens:
« l'hiver n'est plus, la pluie a cessé, les fleurs
« ont apparu sur notre terre, et les vignes

« en fleur répandent leur parfum ; lève-toi,
« ô mon amie, ô ma beauté unique, et
« viens. (1) »

MARGUERITE

Oh! non, Geneviève, non, nous ne la plaignons pas ; mais nous voulons lui dire : Vos petites sœurs, vos jeunes congréganistes vous aiment, ô Germaine ; entrainez-nous toutes après vous ; nous courrons à l'odeur de vos parfums (2).

ANGÈLE

Aussitôt de nombreux miracles s'opèrent autour des restes de Germaine merveilleusement conservés. Elle est l'espérance des infirmes et des malades ; on vient prier devant elle, et, en la quittant, les boiteux marchent, les aveugles voient, les sourds entendent. Et voilà trois cents ans que d'innombrables foules de pèlerins accourent à Pibrac, et il s'en faut que la confiance se ralentisse, et que le bras de Dieu ait cessé de se signaler autour du saint tombeau.

(1). Cantic., II, 8-13.
(2). Cantic., I, 2-3.

GENEVIÈVE

Notre chère patronne sera bien plus aimée encore et invoquée avec plus de ferveur, maintenant que Pie IX de douce et immortelle mémoire l'a mise au nombre des saints.

FRANÇOISE

Oui, plus que jamais nous nous efforcerons d'être, « sa joie et sa couronne ».

LUCIE

Nous lui serons fidèles comme ses petits agneaux.

ANGÈLE

Et sa houlette nous maintiendra dans les bons sentiers, et elle nous conduira au ciel où il ne doit y avoir « qu'un seul troupeau et un seul pasteur. »

En la fête de Sainte Germaine, 15 juin 1878.

J. BONNEL.

PRIÈRE

D'UN JEUNE ENFANT A SAINTE GERMAINE

Me voici à vos pieds, ô chère Sainte Germaine, comme autrefois un de vos petits agneaux autour de votre aimable houlette, et daignez écouter mon enfantine prière.

On m'a dit que votre obéissance à vos parents fut toujours prompte et affectueuse, et que jamais on ne vous entendit murmurer, quelque chose pénible qu'il leur plût de vous commander ;

Que, toute jeune et infirme que vous étiez, vous acceptiez avec résignation un travail pénible et souvent au-dessus de vos forces ;

Que votre zèle ardent vous portait à réunir autour de vous les petits enfants de votre village, pour les instruire et les engager à être bons et pieux ;

Que vous étiez fidèle à fuir les mauvaises compagnies, pour ne point contracter de mauvaises habitudes, n'entendre aucune inconvenante parole et ne rien voir qui pût troubler votre angélique innocence et votre pur amour du bon Dieu ;

Que, *comme le passereau de nos toits*, vous vous plaisiez dans la solitude, pour penser plus longtemps à Jésus et à Marie, pour les prier davantage, leur donner mieux votre cœur....

O chère Sainte, qui nous avez ainsi offert, dans votre courte mais admirable vie, le modèle de toutes les vertus qui doivent orner le cœur d'un enfant ;

Obtenez-moi, je vous prie, la grâce de vous imiter fidèlement pendant les jours de mon enfance, afin que, si le bon Dieu, qui se plaît dans les cœurs purs et parmi les lis, m'appelait bientôt à lui, j'aie le bonheur de recevoir comme vous la couronne dans son saint Paradis.

Ainsi soit-il.

PRIÈRE

D'UNE JEUNE CONGRÉGANISTE DE SAINTE GERMAINE

O mon Dieu, vous qui lisez dans les cœurs et qui, pour bénir et récompenser vos créatures, ne tenez compte ni de la beauté, ni de la force, ni de la grandeur, ni de la richesse, mais considérez seulement la pureté de leur âme, leur innocence et leur amour ;

Mon Dieu, vous qui avez tant aimé Sainte Germaine, bien qu'elle ait vécu toute seule dans les champs comme le pauvre passereau, et que son existence se soit dérobée à tous les regards, entre les vingt-deux ans tristes mais purs qui la bornèrent, semblable à ce ruisseau qui naît, fuit et se perd entre les deux collines où elle menait paître son troupeau ;

Accordez-moi de vous plaire, comme Sainte Germaine, par mon obéissance, par ma résignation chrétienne dans les souffrances et les épreuves, par mon éloignement du monde, enfin par mon abandon filial et sans réserve à Jésus et à Marie.

Ainsi soit-il.

LITANIES DE SAINTE GERMAINE.

Seigneur ayez pitié de nous.
Jésus-Christ, ayez pitié de nous.
Seigneur, ayez pitié de nous.
Jésus, écoutez-nous.
Jésus, exaucez-nous.
Père céleste qui êtes Dieu, ayez pitié de nous.
Fils Rédempteur du monde qui êtes Dieu, ayez pitié de nous.
Esprit-Saint qui êtes Dieu, ayez pitié de nous.
Trinité Sainte qui êtes Dieu, ayez pitié de nous.
Sainte Marie, Reine des vierges, priez pour nous.
Sainte Germaine, priez pour nous.
S. Germaine, infirme de naissance.
S. Germaine, privée de votre mère dès votre bas âge.

S. Germaine, abandonnée par votre père, mais adoptée par le Seigneur.

S. Germaine, fidèle à lui donner votre cœur dès l'aurore.

S. Germaine, conduite par lui dans la solitude.

S. Germaine, priant sans cesse près de la croix.

S. Germaine, soupirant vers les autels du Seigneur,

S. Germaine, confiant vos brebis à la garde de Dieu.

S. Germaine, séparant les eaux du torrent et bravant les obstacles pour voler aux saints offices.

S. Germaine, douce et humble de cœur.

S. Germaine, très dévote à la Vierge Mère.

S. Germaine, brûlante de l'amour de Dieu et du prochain.

S. Germaine, admirable par votre patience.

S. Germaine, belle par votre pureté.

S. Germaine, sanctifiée par l'amour des souffrances.

S. Germaine, priant pour vos persécuteurs.

S. Germaine, enseignant la doctrine sainte aux petits enfants.

S. Germaine, donnant votre pain aux pauvres.

S. Germaine, justifiée par Dieu lorsqu'il changea ce pain en fleurs.

S. Germaine, patiente et obéissante jusqu'à la mort.

S. Germaine, qui avez vécu peu d'années et fourni une longue carrière.

S. Germaine, mourant de la mort des justes.

S. Germaine, vous élevant du désert toute inondée de délices.

S. Germaine, recueillant dans la joie ce que vous avez semé dans les larmes.

S. Germaine, l'honneur de votre peuple, l'amie de vos frères, la protectrice de tous ceux qui humblement vous implorent.

Agneau de Dieu qui effacez les péchés du monde, épargnez-nous, Seigneur.

Agneau de Dieu... exaucez-nous, Seigneur.

Agneau de Dieu... ayez pitié de nous.

Christ, écoutez-nous.

Christ, exaucez-nous.

℣ Priez pour nous, Sainte Germaine.

℟. Afin que nous nous rendions dignes des promesses de Jésus-Christ.

ORAISON.

O Dieu, qui aimez les humbles, accordez-nous, par l'intercession de Sainte Germaine, d'accepter comme elle nos croix de chaque jour avec humilité et de les porter généreusement jusqu'à la mort.

Avignon, Imprimerie AUBANEL frères.

Au profit de la Congrégation de Ste Germaine.

—

Aux Portes de Bethléem, petite scène pastorale, 20 cent.; par la poste, 25 cent.

Le Catéchisme de Persévérance, petit dialogue pour le Dimanche après la première Communion, 20 cent.; par la poste, 25 cent.

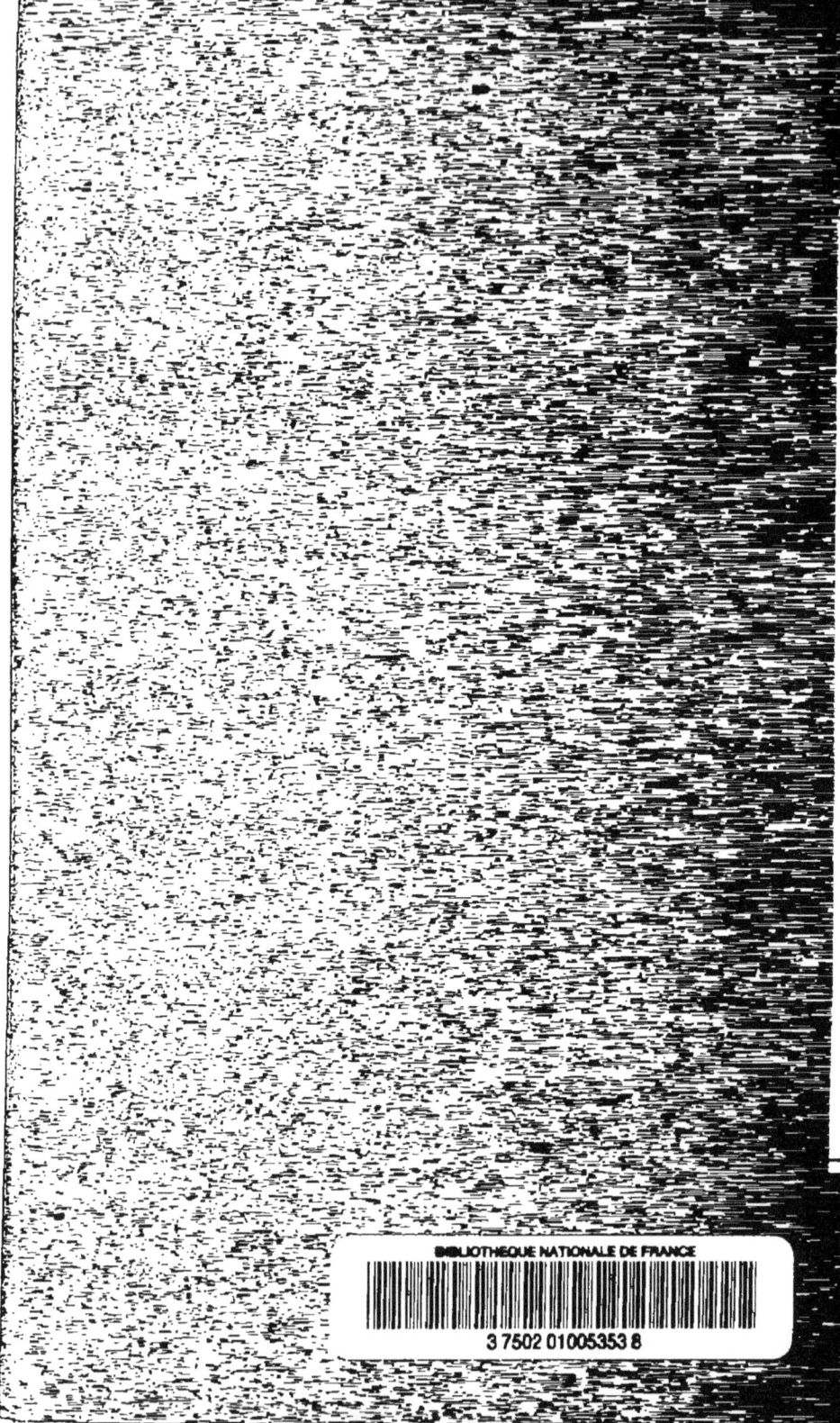

www.ingramcontent.com/pod-product-compliance
Lightning Source LLC
Chambersburg PA
CBHW060507050426
42451CB00009B/860